BEI GRIN MACHT SICH IHR
WISSEN BEZAHLT

- Wir veröffentlichen Ihre Hausarbeit,
  Bachelor- und Masterarbeit

- Ihr eigenes eBook und Buch -
  weltweit in allen wichtigen Shops

- Verdienen Sie an jedem Verkauf

Jetzt bei www.GRIN.com hochladen
und kostenlos publizieren

Bibliografische Information der Deutschen Nationalbibliothek:

Die Deutsche Bibliothek verzeichnet diese Publikation in der Deutschen National-
bibliografie; detaillierte bibliografische Daten sind im Internet über http://dnb.d-
nb.de/ abrufbar.

Impressum:

Copyright © 2018 GRIN Verlag
Druck und Bindung: Books on Demand GmbH, Norderstedt Germany
ISBN: 9783668896352

Dieses Buch bei GRIN:

https://www.grin.com/document/457807

Bastian S.

Doping im Radsport und dessen Folgen

Rückkehr in die "saubere Spur"?

GRIN Verlag

SEMINARARBEIT

Rahmenthema des Wissenschaftspropädeutischen Seminars:
Professionalisierung und Kommerzialisierung im Sport
Leitfach: Sport

Thema der Arbeit:
Doping im Radsport und dessen Folgen – Rückkehr in die ,saubere
Spur'?

Verfasser: Bastian S.
Abgabetermin: 6. November 2018

Inhaltsverzeichnis

1. Der Fall Froome: Ein Indiz eines funktionierenden Kontrollsystems oder nur die ‚Spitze des Eisbergs'?

Es war der 7. September 2017. Der britische Radprofi Chris Froome fuhr gerade die 18. Etappe der *Vuelta a España*, eines der drei wichtigsten Etappenrennen im Straßenradsport. Anschließend musste er eine Urinprobe zur Dopingkontrolle abgeben. Er hat eine Asthma-Erkrankung und verfügt daher über eine therapeutische Ausnahmegenehmigung (TUE) für das Asthmamittel Salbutamol, wobei er einen Grenzwert von 1000 ng/ml des Mittels nicht überschreiten darf. Das Testergebnis lieferte einen Wert von 2000 ng/ml.[1]

Froome ist vierfacher Tour de France-Sieger und derzeit einer der erfolgreichsten Radsportler, sowie der Sieger der *Vuelta a España* 2017. Hat auch er, wie viele andere, den Titel nicht durch ‚saubere' Leistungen gewonnen? Begibt sich auch Chris Froome in eine ‚Schublade' mit Sportlern wie Lance Armstrong oder Jan Ullrich, die als ehemalige Tour de France-Sieger des Dopings überführt wurden? Dopingfälle, wie diese, erschüttern die Radsportwelt immer wieder.

Das Vertrauen in einen Athleten und den Sport, sowie die Glaubwürdigkeit an die Existenz eines nicht-dopenden Sportlers, geht dadurch verloren. Hinzu kommt, dass der Radsport immer weiter aus dem Blickfeld rückt und sich nur noch im Schatten der Dopingproblematik bewegt. Nicht zu vernachlässigen ist ebenso die Gesundheit der Athleten, die sich oft über die langfristig auftretenden Folgen des Dopinggebrauchs nicht bewusst sind oder diese einfach ignorieren. All diese Auswirkungen des Dopingmissbrauchs haben zu einem enormen Imageverlust des Radsports in den letzten 20 Jahren beigetragen.

Dies war vor allem im männlichen Straßenradrennsport zu beobachten, worauf sich diese Seminararbeit vorwiegend bezieht. Unter dem Begriff ‚Doping' wird in der Arbeit lediglich die physische Leistungssteigerung von Athleten durch Einnahme verbotener Substanzen verstanden, nicht, das in den letzten Jahren vermehrt aufgetretene, ‚Motor-Doping'.

Die Hauptquellen der Arbeit stellen zum einen, aufgrund der Aktualität des Themas, Internetquellen, wie Online-Zeitungsartikel dar. Zum anderen ist das „Schwarzbuch Doping"[2] von Norman Schöffel als eine wichtige Quelle anzusehen. Das Buch gibt einen sehr umfassenden Einblick in die Welt des Dopings. Es werden vor allem Themen, wie Dopingkontrollen, Rechtsprechung und der Zusammenhang der Medien mit der Kommerzialisierung beleuchtet und auch kritisch hinterfragt.

---

[1] vgl. [o. Verf.], Die Hinhaltetaktik des Chris Froome geht auf. Doping-Affäre um Radsport-Star, in: http://www.faz.net/aktuell/sport/sportpolitik/doping/chris-froome-darf-er-bei-der-tour-de-france-fahren-15621052.html [01.11.2018].
[2] Schöffel, Norman u.a., Schwarzbuch Doping. Methoden, Mittel, Machenschaften, Berlin 2015.

Die Seminararbeit bezieht sich als Erstes auf die Definition des Begriffes ‚Doping', was als Grundlage für das Verständnis der darauffolgenden Themen anzusehen ist. Diese beginnen mit dem Bezug zum Rahmenthema, dem Zusammenhang der Dopingproblematik mit Professionalisierung und Kommerzialisierung. Anschließend werden die Folgen der Publizierung großer Dopingskandale auf das allgemeine Interesse der Bevölkerung am Radsport näher beleuchtet. Anhaltspunkt bietet hierbei die Entwicklung der TV-Quoten der ARD und des ZDF bei den Tour de France-Übertragungen. Das Hauptziel der Arbeit besteht jedoch darin, genauer zu betrachten, welche Maßnahmen von verschiedenen Organisationen ergriffen wurden, um der Dopingproblematik im Radsport entgegenzuwirken. Darunter fällt als Erstes das Doping-Kontrollsystem im Radsport, sowie die damit verbundenen Probleme. Als weitere Maßnahme wird auch auf die Sportgerichtsbarkeit von ‚Dopingsündern' näher eingegangen, also inwiefern versucht wird, durch Bestrafung der dopenden Athleten das Abschreckungspotenzial, positiv getestet zu werden, zu erhöhen.

2. Definition des Begriffes ‚Doping'

Um eine solide, von allen Radsportathleten anerkannte Handlungsgrundlage in puncto Doping zu haben und somit effektiv gegen Dopingsünder vorgehen zu können, bedarf es einer präzisen Definition des Begriffes ‚Doping'. In einem deutschen Wörterbuch wird Doping als die „verbotene Anwendung von leistungssteigernden Mitteln"[3] definiert. Eine solche Eingrenzung kann jedoch aufgrund zu großer Auslegungsfreiräume keinerlei rechtliche Grundlage zur gerechten Bestrafung legen und ist deswegen von der *World Anti-Doping Agency (WADA)* präzisiert und im *World Anti-Doping Code (WADC)* festgehalten worden. Im WADC wird Doping wie folgt beschrieben:

> *„Vorliegen eines oder mehrerer der nachfolgend in Artikel 2.1 bis Artikel 2.10 festgelegten Verstöße gegen Anti-Doping-Bestimmungen."*[4]

---

[3] Bünting, Karl-Dieter/Karatas, Ramona, Deutsches WÖRTERBUCH, Chur 1996, 258.
[4] WADA (World Anti-Doping Agency), Welt-Anti-Doping-Code, in: https://www.wada-ama.org/sites/default/files/resources/files/2015-wadc-final-de.pdf [09.10.2018], 6.

1. Vorhandensein einer verbotenen Substanz im Körper eines Sportlers
2. (Versuchte) Anwendung einer verbotenen Substanz oder einer verbotenen Methode
3. Umgehung der Probenahme bzw. Weigerung oder Versäumnis, eine Probe abzugeben
4. Meldepflichtverstöße
5. (Versuchte) unzulässige Einflussnahme auf einen Teil des Dopingkontroll-Verfahrens
6. Besitz einer verbotener Substanz oder einer verbotener Methoden
7. Das (versuchte) Inverkehrbringen von verbotenen Substanzen oder verbotenen Methoden
8. Die (versuchte) Verabreichung von verbotenen Substanzen oder verbotenen Methoden bei Sportlern
9. Beihilfe (z.B. Anleitung, Verschleierung)
10. Verbotener Umgang mit einer gesperrten Betreuungsperson

Abb. 1: Im WADC festgelegten Verstöße gegen Anti-Doping-Bestimmungen[5]

Diese zehn Artikel beziehen sich auf alle möglichen Ausführungsformen von Doping und werden im WADC durch Unterartikel und erläuternde Kommentare ergänzt, wodurch das Potenzial für Grauzonen erheblich minimiert wird. Darin verlinkt ist auch eine Medikamentenliste mit Grenzwerten für jedes Medikament, da viele Mittel, die zu Dopingzwecken missbraucht werden, auch eine sinnvolle medizinische Anwendung haben, wie beispielsweise der bekannteste Asthma-Wirkstoff, Salbutamol. Die Definierung des Begriffes ‚Doping' der WADA erhöht die Transparenz in der Doping-Bekämpfung, da auf einer allgemein gültigen Basis, die von allen Radsportathleten auf professionellem Niveau anerkannt werden muss, auch bei ärztlich verordnetem Medikamentenbedarf, agiert werden kann.

Außerdem wird der WADC auch von den nationalen Unterorganisationen der WADA, den *National Anti-Doping Organizations (NADOs)*, akzeptiert.[6]

3.

---

[5] Dies ist lediglich eine vereinfachte Darstellung der im WADC aufgeführten Verstöße, welche mit der Nummerierung des WADCs nicht übereinstimmt.
[6] vgl. NADA (Nationale Anti-Doping Agentur), DER WELT ANTI-DOPING CODE (WADC), in: https://www.nada.de/recht/anti-doping-regelwerke/der-welt-anti-doping-code-wadc/ [1.11.2018].

3.1 Zusammenhang mit Professionalisierung

Die Professionalisierung hat die Entwicklung des Radsports erheblich beeinflusst und damit auch Mitschuld an der Dopingproblematik. Professionalisierung wird hierbei als die „Entwicklung einer privat oder ehrenamtlich ausgeübten Tätigkeit zu einem Beruf"[7] beschrieben. Ein markantes Beispiel der Professionalisierung im Radsport ist der Anstieg der Gewinnsummen, die an den Sieger bzw. an das Sieger-Team des größten Radrennens der Welt im Profi-Sport, der Tour de France, ausgezahlt werden.

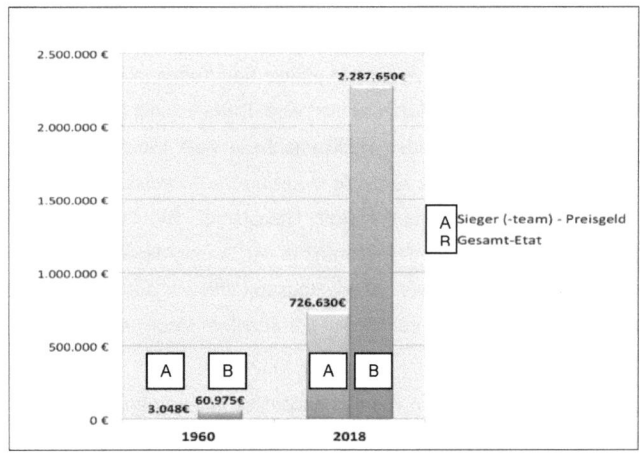

Abb. 2: Preisgeldausschüttung der Tour de France von 1960 bis 2018 in Euro[8]

Anhand dieser Grafik ist erkennbar, dass sich das Einkommen eines Radsportathleten von 1960 bis 2018 drastisch gesteigert hat, wenn dieser Erfolge zu verzeichnen hat. Diese Entwicklung ist unter anderem auch durch die zunehmende Kommerzialisierung im Radsport bedingt.

Daraus lässt sich schlussfolgern, dass ‚Radsportler' mittlerweile ein Beruf ist, der aufgrund der guten Bezahlung bei Erfolg hauptberuflich, ohne die Notwendigkeit eines Nebenjobs, existiert. Nur den Aspekt des Verdienstes betrachtend ist es also möglich, Radsport als einzige Einnahmequelle zu betreiben. Überdies wird diese Möglichkeit schnell zu einem Muss, wenn sich ein Athlet dazu entscheidet, Radsport auf professionellem Niveau zu

---

[7] Weineck, Anka/Weineck, Jürgen/Watzinger, Klaus, Leistungskurs Sport. Bewegungswissenschaftliche und gesellschaftspolitische Grundlagen [3], Waldkirchen[7] 2010, 193.
[8] 1960 wurde das Sieger-Preisgeld noch an kein Team, sondern an eine einzige Person ausgegeben und in der damaligen Währung Franc ausgezahlt, welche in der Grafik in Euro umgerechnet wurde.

betreiben. Grund dafür ist, dass es einem Profi-Radsportler infolge des hohen Trainings-
aufwandes meist nicht möglich ist, simultan einen zweiten Beruf auszuüben.[9]
Ein entscheidender Faktor ist somit später der Erfolg eines Athleten und seines Teams.
Der Verteilungsschlüssel der Tour de France 2018 zeigt, wie viel Geld die einzelnen
Teams vom Gesamt-Etat, den 2.287.650€, bekommen haben. Das Sieger-Team Sky
bekam 726.630€, wohingegen beispielsweise das Team Katusha Alpecin nur 18.070€
bekam, weil dieses Team die gleiche Tour in einer schlechteren Zeit absolvierte. Das
Team verdient somit bei 21 Etappen weniger als 1.000€ täglich, was auf alle Athleten des
Teams, sowie Trainer, Physiotherapeuten etc. aufgeteilt werden muss.[10]
Daraus resultiert, dass es einem Athleten, der auf diesem professionellem Niveau nicht
bei den führenden Sportlern dabei ist, ohne andere Einnahmequellen, nicht möglich ist,
diesen Sport hauptberuflich auszuüben.
Problematisch ist dabei, dass Radsportler oft keine berufliche Absicherung haben, da
diese auch schon im Jugendalter einen enormen Trainingsaufwand hatten und zudem die
Leidenschaft zum Radsport nicht aufgeben wollen.[11] Des Weiteren kann hierbei durch die
große Differenz in der Höhe der Gehaltsausschüttungen ein Gefühl der Benachteiligung
entstehen. Diese Phänomene können einen Radsportler vor die Frage stellen, zu leistungssteigernden Substanzen zu greifen oder nicht, demzufolge Professionalisierung die
Dopingproblematik im Radsport begünstigt.

3.2 Zusammenhang mit Kommerzialisierung

Da die Kommerzialisierung auch im Radsport immer mehr Einzug findet und erheblichen
Einfluss auf die Dopingproblematik des Sports hat, wird der Begriff im Nachfolgenden
definiert:

> „Kommerzialisierung meint einen Prozess, in dem ein Bereich menschlichen Le-
> bens, der primär keine ökonomische Ausrichtung beinhaltet, als Bereich für
> wirtschaftliche Interessen geweckt und in diesem Sinne ausgenutzt wird."[12]

Die Kommerzialisierung im Radsport steht dabei, wie auch in allen anderen Sportarten, in
direktem Zusammenhang mit dem Interesse der Medien. Grundlegend ist dabei zu ver-
merken, dass erst durch vermehrtes Aufkommen von medialem Interesse der Sport an
sich aus ökonomischer Sicht lukrativ wird und dieses Interesse somit als eine Voraussetzung der Kommerzialisierung anzusehen ist.[13]

---

[9] vgl. Weineck, A., Leistungskurs Sport, 193.
[10] vgl. Rohé, Konstantin, Die Preisgeld-Übersicht nach der Tour de France 2018, in:
https://www.tour-magazin.de/profisport/tour_de_france/tour-de-france-2018-
preisgeld/a46590.html [13.10.2018].
[11] vgl. Bund Deutscher Radfahrer e.V., NACHWUCHSPROGRAMM, in: https://www.bdr-
online.org/media/bdr-reglements/nachwuchsprogramm-des-bdr_13.pdf [03.11.2018].
[12] Weineck, A., Leistungskurs Sport, 194.
[13] vgl. bpb (Bundeszentrale für politische Bildung), Kommerzialisierung des Sports. Das Beziehungsgeflecht von Medien, Werbung und Sport, in: http://www.bpb.de/gesellschaft/medien-und-

Der daraus resultierende „Sport-Medien-Komplex, die zunehmend enger werdende Verflechtung von Medien, Sportverbänden und Werbung"[14], stellt zudem eine wichtige Säule der Einnahmen der Tour de France und somit auch des Radsports allgemein dar, weil dieses Radrennen rund die Hälfte der Einkünfte durch den Verkauf von TV-Rechten generiert.[15]

Aufgrund der zunehmenden Kommerzialisierung durch Werbung, den Verkauf von TV-Rechten und die Einnahmen durch die Vergabe von Etappen-Orten, bewirken Medien indirekt auch einen Anstieg der Gehälter der Radsport-Profis.[16]

Dabei werden die Radsportler zu ‚Unternehmern' der Tour de France, die mittlerweile als „Wirtschaftsunternehmen"[17] bezeichnet werden kann. Da der Profi-Radsport ein Hochleistungssport mit sehr hohen Anforderungen an den menschlichen Körper ist, weiß der Athlet um die Begrenztheit, das hohe Leistungsniveau halten zu können und versucht somit in der Zeit seiner maximalen Leistungsfähigkeit, diese für das maximal mögliche Gehalt einzusetzen.[18]

Wenn dies für den Athleten nicht die gewünschte Lukrativität bringt, wird sich dieser fragen, ob er zu leistungssteigernden Substanzen greift oder nicht. Somit kann auch die Kommerzialisierung im Radsport als ein Doping begünstigender Faktor angesehen werden.

4. Folgen der Publizierung großer Dopingskandale auf das allgemeine Interesse der deutschen Bevölkerung am Radsport

Das Interesse der Bevölkerung am Radsport hat für die Kommerzialisierung eine sehr große Bedeutung. Dieses Interesse führt zu einer hohen medialen Präsenz des Sports und ist eine Grundvoraussetzung der Kommerzialisierung. Die Zuneigung der Bevölkerung zum Radsport lässt sich am besten anhand von TV-Quoten messen, da diese schon seit langer Zeit sehr genau aufgezeichnet werden. Obwohl diese nur eine Hochrechnung, basierend auf 5000 Haushalten darstellen, können diese trotzdem als eine Tendenzen anzeigende Bezugsgröße gesehen werden. Eine wesentliche Einflussgröße auf das Inte-

sport/deutsche-fernsehgeschichte-in-ost-und-west/245748/kommerzialisierung-des-sports [26.03.2018].

[14] bpb (Bundeszentrale für politische Bildung), Kommerzialisierung des Sports.

[15] vgl. Mustroph, Tom, Tour de France. Die unverwüstliche Geldmaschine, in: https://www.handelsblatt.com/sport/sonstige-sportarten/tour-de-france-die-unverwuestliche-geldmaschine/6862998.html?ticket=ST-1969801-AayM717266WviuTD7kDi-ap1 [03.11.2018].

[16] vgl. Daumann, Frank, Die Ökonomie des Dopings, Hamburg 2008, 78.

[17] Braunberger, Gerald, Schönes Geschäft oder hemmungslose Kommerzialisierung, in: http://www.faz.net/aktuell/wirtschaft/tour-de-france-schoenes-geschaeft-oder-hemmungslose-kommerzialisierung-1113772.html [26.03.2018].

[18] vgl. Lünsch, Heinz, Zur Doping-Problematik. Kommerzialisierung und Professionalisierung als Einflussgrößen für Medikamenten-Missbrauch im Sport, in: http://www.iat.uni-leipzig.de:808-0/vdok.FAU/lsp07_05_4_5.pdf?sid=5EE06E6F&dm=1&apos=6483&rpos=lsp0_05_4_5.pdf&ipos=8483 [13.01.2018], 4.

resse ist dabei das Image des Sports, welches in großer Abhängigkeit mit der Doping-problematik steht.

Als Einführung in die Entwicklung der TV-Quoten der Tour de France von 2003 bis 2018 dient der Wert von 3,1 Millionen Menschen, die 2003 im Schnitt die Tour bei der ARD und dem ZDF vor den Bildschirmen verfolgten. Diese hohe Quote liegt unter anderem auch an dem damals sehr erfolgreichen deutschen Radprofi, Jan Ullrich.[19]

Die Quoten hielten sich konstant auf einem hohen Niveau, wie die durchschnittlichen Zuschauerzahlen pro Etappe 2004 mit 2,67 Mio. und 2005 mit 2,91 Mio. Menschen bele-gen.[20]

Vor dem Start der Tour de France 2006 kam es dann zur Offenlegung eines der größten Dopingskandale der Geschichte, dem Skandal um den spanischen Sportarzt Eufemiano Fuentes, der in einem organisierten Netzwerk hunderte Athleten dopte. Nur einen Tag vor Beginn der 93. Tour de France publizierte die spanische Justiz den Skandal um den Arzt und 58 weitere Namen von Radsportathleten, die involviert waren. Dieser „Knall von Straßburg"[21] hatte für viele Athleten, aber auch für den Radsport allgemein, weitreichende Folgen. Unter den Angeklagten war auch Tour-Favorit Jan Ullrich, sowie dessen größte Konkurrenten der Tour, Ivan Basso und Francisco Mancebo, welche allesamt vom Start ausgeschlossen wurden.[22]

Die Empörung der Bevölkerung über den Doping-Betrug war groß, was sich auch in den TV-Quoten der Tour de France in diesem Jahr zeigte.

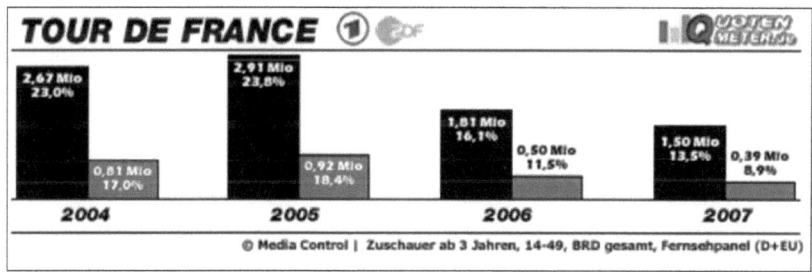

Abb. 3: TV-Quoten der Tour de France von 2004 bis 2007 im ARD und ZDF[23]

---

[19] vgl. dpa (Deutsche Presse-Agentur), Tour de France nicht mehr live im TV, in: https://www.zeit.de/sport/2011-02/tour-de-france-berichterstattung [05.10.2018].
[20] vgl. Weis, Manuel, Tour de France. Quotencheck, in: http://www.quotenmeter.de/n/15743/quotencheck-tour-de-france [05.10.2018].
[21] Leuchtenberg, Christoph, Als Jan Ullrich über Blutbeutel stürzte. Zehn Jahre Dopingskandal Fuentes, in: https://www.n-tv.de/sport/Als-Jan-Ullrich-ueber-Blutbeutel-stuerzte-article18078411.html [05.10.2018].
[22] vgl. Ebd.
[23] Die schwarzen Balken zeigen die Anzahl aller Zuschauer ab 3 Jahren, die roten Balken symboli-sieren den Anteil der werberelevanten Zielgruppe der 14-49-jährigen.

Schon beim Prolog, dem ersten Rennen der Tour, war eine klar sinkende Tendenz zu erkennen. 2005 sahen noch 3,38 Millionen Menschen live die erste Etappe an, wohingegen es 2006 nur noch ernüchternde 1,48 Millionen waren. Die Tour kam in diesem Jahr auf einen Zuschauerschnitt von 1,81 Millionen, was einen Verlust von 1,10 Millionen Zuschauern im Vergleich zum Vorjahr darstellt.[24]

Auch nach diesem Quoten-Absturz sanken im Jahr 2007 die Zuschauerzahlen weiter auf 1,50 Millionen. Dass die Dopingproblematik nicht in den Griff zu bekommen war und somit die Quoten sich weiter verschlechterten, gab der ARD und dem ZDF 2007 Anlass, sich für dieses Jahr aus der Live-Übertragung zurückzuziehen und die Rechte Sat1 und ProSieben zu überlassen. [25] Da die Öffentlich-Rechtlichen aber die folgenden Jahre vertragsgemäß noch zu einer Live-Berichterstattung verpflichtet waren, wurde 2009 die Dauer der Übertragung auf 30 Minuten pro Etappe reduziert, jedoch 2010 wieder auf eine Stunde erhöht. Die Übertragungs-Pflicht endete jedoch nach der Tour de France 2011, was es der ARD und dem ZDF ermöglichte, ab 2012 keine Live-Bilder des größten Radrennens der Welt mehr zu zeigen. Diese Konsequenz aus Dopingfällen, u.a. dem von Alberto Contador, und schlechten Einschaltquoten versetzte „dem seit Jahren dahinsiechenden Radsport in Deutschland einen schweren Schlag."[26] Der einst so erfolgreichen Sportart steht eine schwere Zeit bevor.[27]

Nach drei Jahren Pause stieg die ARD 2015 wieder ein und erzielte in den ersten beiden Jahren mäßige Quoten zwischen 1,12-1,13 Millionen Zuschauern. 2017 steigerte sich die Quote leicht auf 1,17 Millionen, doch 2018 ließ einen Hoffnungsschimmer erblicken. Aufgrund der simultan stattfindenden Fußball-WM hatte die Übertragung der Tour zwar leichte Startschwierigkeiten, kam aber schlussendlich trotz der WM auf einen Durchschnittswert von 1,37 Millionen Zuschauern pro Etappe, was als ein leichter Aufwärtstrend zu werten ist.[28]

Zusammenfassend hatte der Radsport in Deutschland vor der Publizierung großer Dopingskandale vor der Frankreich-Rundfahrt 2006 eine große Popularität in der Bevölkerung. Aufgrund der Offenlegung einiger großer Skandale kam diese ‚heile Welt' jedoch ins Wanken und trug massive Konsequenzen davon, die auch heute infolge weiterer Dopingfälle noch lange nicht überwunden sind. Jedoch lässt sich hoffen, dass durch Transparenz und Öffentlichkeitsarbeit von Seiten des Radweltverbandes UCI und der

---

[24] vgl. Weis, M., Tour de France.
[25] vgl. Böhme, Fabian, «Tour de France». Quotencheck, in: http://www.quotenmeter.de/n/21429/quotencheck-tour-de-france [29.10.2018].
[26] [o. Verf.], ARD und ZDF verzichten auf Tour de France, in: https://www.welt.de/sport/article12421516/ARD-und-ZDF-verzichten-auf-Tour-de-France.html [10.10.2018].
[27] vgl. Ebd.
[28] vgl. Nunez Sanchez, Manuel, Tour de France 2018. Quotencheck, in: http://www.quotenmeter.de/n/102737/quotencheck-tour-de-france-2018 [10.10.2018].

WADA das Vertrauen zumindest ein wenig zurückgewonnen werden kann. Eine weitere Hoffnung liegt darin, dass Deutschland einen neuen, nicht dopenden Spitzen-Radsportler hervorbringt, der die Massen so mobilisieren kann, wie es einst Jan Ullrich konnte und das Image des Radsports durch ‚saubere Leistungen' aufbessern kann.

5. Strategien zur Bekämpfung der Dopingproblematik im Radsport

5.1 Dopingkontrollen der Athleten durch die CADF

Die beste Möglichkeit, um sicherzustellen, dass ein Athlet nicht gegen Anti-Doping-Bestimmungen der WADA verstößt, ist, diesen zu kontrollieren.

Die Dopingkontrollen der Profi-Radsportler unterliegen seit 2008 der *Cycling Anti-Doping Foundation (CADF)*. Die CADF ist dabei seit 2013 unabhängig vom Radweltverband, der *Union Cycliste Internationale (UCI)*, arbeitet und testet aber im Auftrag und nach den Richtlinien dieser, sowie nach den Vorschriften des WADCs der WADA. Die CADF ist unter anderem für die Ausarbeitung des Anti-Doping-Programmes, die Kontrollen vor, in und nach Wettkämpfen und der Ausbildung von *Doping Control Officers (DCOs)*, welche Kontrollen durchführen, zuständig.[29] Von der CADF kontrolliert werden, können Athleten aus einem ‚Test-Pool' von etwa 1300 Radsport-Athleten, welche aus verschiedenen Disziplinen stammen. Die Liste der Athleten ist öffentlich einsehbar und nach Nationen sortiert.[30]

In der Liste sind alle männlichen Radsportler, die auf professionellem Niveau fahren, sowie die am Besten platziertesten Athleten und Athletinnen jeder Disziplin aufgeführt. Des Weiteren können aber auch Sportler-/innen aufgrund anderer Kriterien in die Auflistung aufgenommen werden.[31]

Dopingkontrollen werden grundsätzlich in Wettkampfkontrollen und „Trainingskontrollen"[32] differenziert.

Wettkampfkontrollen finden immer nach einem Wettkampf statt, wobei eine Auswahl des zu kontrollierenden Athleten nach Platzierung, bei bestimmtem Verdacht oder per Zufall erfolgen kann. Kontrollen außerhalb eines Wettkampfes können dabei immer und überall vollzogen werden und müssen wie eine Wettkampfkontrolle nicht angekündigt werden.[33]

---

[29] vgl. CADF (Cycling Anti-Doping Foundation), WHAT WE DO, in: https://www.cadf.ch/what-we-do/ [17.10.2018].

[30] vgl. UCI (Union Cycliste Internationale), UCI RTP List/ Liste 2018, in: http://www.uci.org/docs/default-source/uci-rtp/2018-registered-testing-pool.pdf?sfvrsn=4ab6a36e_14 [03.11.2018]

[31] vgl. UCI (Union Cycliste Internationale), RTP Criteria / Critères, in: http://www.uci.org/docs/default-source/default-document-library/critères-inclusion-rtp.pdf?sfvrsn=5b62978b_0 [17.10.2018].

[32] Schöffel, N., Schwarzbuch Doping, 38.

[33] vgl. wadamovies, World Anti-Doping Agency - The Doping Control Process for Athletes [YouTube-Video], veröffentlicht am 30.10.2009, https://www.youtube.com/watch?time_continue=

Um Athleten auch außerhalb von Wettkämpfen antreffen zu können sind Standortangaben der Sportler notwendig, welche in das von der WADA entwickelte System ADAMS eingetragen werden.

> *„ADAMS (Anti-Doping Administration and Management System) ist die internetbasierte Datenbank der WADA zur Verwaltung von Aufenthaltsinformationen der Athletinnen und Athleten allein zum Zwecke der Kontrollplanung"*[34]

Athleten des ‚Test-Pools' müssen täglich ein Zeitfenster von einer Stunde angeben, in welchem sie an einem bestimmten Ort zu einer möglichen Kontrolle anzutreffen sind. Diese Daten werden dann an Sportverbände und Anti-Doping-Agenturen übermittelt, worauf basierend dann Kontrollen geplant werden können.[35]

Voraussetzung für eine effektive Kontrolle ist, dass jegliche Kontrollen, sowie in und außerhalb von Wettkämpfen, nicht abgelehnt werden können, da viele zum Doping missbrauchten Substanzen meist nur temporär begrenzt nachweisbar sind und somit eine Verschiebung der Kontrolle nicht zielführend wäre.

5.1.1 Ablauf einer Dopingkontrolle nach den Richtlinien der WADA

Wird ein Athlet über eine anstehende Kontrolle benachrichtigt, bleibt der *Doping Control Officer (DCO)* ab der Benachrichtigung bis zur Beendigung der Kontrolle an der Seite des Athleten, auch wenn dieser an einer Siegerehrung oder Pressekonferenz teilzunehmen hat. Der Athlet wird danach, bei Wettkampfkontrollen, in einen dafür eingerichteten Raum gebeten. Bei Kontrollen außerhalb von Wettkämpfen werden vorhandene Räumlichkeiten genutzt. Nachdem die Identität des Athleten verifiziert wurde, dieser seinen Rechten durch eine Signatur zustimmte sowie andere Formalitäten erledigt wurden, wird eine Urinprobe und/oder eine Blutprobe unter Aufsicht des DCOs abgenommen.[36]

Die Aufsicht des DCOs ist dabei auch bei Abgabe einer Urinprobe notwendig, da schon mehrmals versucht wurde, in der Kleidung versteckte Urinbeutel, die zuvor abgegebene Proben oder Fremdurin enthalten, als eigene Urinprobe zu verwenden.[37]

Die Proben werden anschließend in eine A- und eine B-Probe aufgeteilt und versiegelt, wobei alle Aktionen durch den Athleten selbst ausgeführt werden. Diese werden nun durch eine Identifikationsnummer anonymisiert an ein offizielles WADA-Labor zur Analyse geschickt.[38]

194&v=sWhudwnE3Fg, zugegriffen am 30.03.2018, 00:56min.

[34] NADA (Nationale Anti-Doping Agentur), ADAMS, in: https://www.nada.de/doping-kontroll-system/adams/ [08.09.2018].

[35] vgl. Schöffel, N., Schwarzbuch Doping, 41.

[36] vgl. wadamovies, World Anti-Doping Agency - The Doping Control Process for Athletes [YouTube-Video], 01:35min.

[37] vgl. NADA.Deutschland, Ablauf einer Urinkontrolle (Dopingkontrollfilm der NADA) [YouTube-Video], veröffentlicht am 17.02.2015, https://www.youtube.com/watch?v=yuWDBjXChgo, zugegriffen am 09.10.2018, 03:15min.

[38] vgl. wadamovies, World Anti-Doping Agency - The Doping Control Process for Athletes [YouTube-Video], 03:00min.

5.1.2 Methodik und Art der Analyse einer Dopingprobe

Die A-Probe eines Athleten wird geöffnet und analysiert, wohingegen die B-Probe geschlossen bleibt und archiviert wird, um diese bei einer positiven Analyse der A-Probe zur Absicherung zur Verfügung stehend zu haben.[39]

Von Top-Athleten werden Proben so lange wie möglich archiviert, um diese zu einem späteren Zeitpunkt zur erneuten Analyse herausgeben zu können. Zum Doping missbrauchte Substanzen könnten zum Zeitpunkt der ersten Analyse noch nicht nachweisbar gewesen sein, aber bei einer erneuten Analyse existiert möglicherweise schon eine Nachweismethode, die diese Art des Dopings nachweisen kann.[40]

Die Analyse einer Probe erfolgt sowohl direkt als auch indirekt. Bei der ersten Analyse-Art wird versucht, Doping direkt nachzuweisen, d.h. eine verbotene Substanz, deren Metaboliten oder Marker in der Probe zu detektieren. Zur indirekten Analyse wird der ABP *(Athlet Biological Passport)* erstellt. Dieser macht es möglich, „über eine longitudinal Analyse von Biomarkern eines Athleten [...] den Effekt von Dopingsubstanzen auf den Organismus"[41] nachzuweisen. Dazu werden seit 2008 alle erforderlichen Werte eines Tests in ein hämatologisches Profil und ein Steroid-Profil eines Athleten eingetragen. Fällt bei einer Kontrolle dem anfänglich zur Detektion eingesetzten Algorithmus eine Anomalie der Testergebnisse, wie eine vermehrte Zahl an Erythrozyten, zu vorherigen Werten auf, so wird dies einem Expertengremium gemeldet. Daraufhin werden die Werte von Experten überprüft und bei Verdacht auf Doping eine Erklärung des Athleten eingefordert, ob nicht eventuell eine Krankheit oder Ähnliches Ursprung der von der Normalität abweichenden Werte Ist. Somit kann nicht nur direkt Doping nachgewiesen werden, sondern es kann auch indirekt, allein durch die Beobachtung der Veränderung bestimmter biologischer Marker, zu einer Überführung des Dopings kommen.[42]

Im Fall einer positiv deklarierten Analyse wird auch die jeweilige nationale Anti-Doping-Agentur und der zuständige Verband in Kenntnis gesetzt, da nur diese die zu der Probe zugehörige Identität des Athleten wissen. Nun können weitere Maßnahmen eingeleitet werden, wobei der Radsportler immer das Recht hat, eine Analyse der B-Probe anzufordern oder gar Berufung einzulegen.[43]

---

[39] vgl. Schöffel, N., Schwarzbuch Doping, 39.
[40] vgl. CADF (Cycling Anti-Doping Foundation), STORAGE AND REANALYSIS, in: https://www.cadf.ch/storage-and-retesting/ [20.10.2018].
[41] Schumacher, Yorck Olaf, Der biologische Pass des Athleten. Die Rolle des Experten, in: https://ssms.ch/fileadmin/user_upload/Zeitschrift/64-2016-3/3-2016_3_Schumacher.pdf [20.10.2018], 14.
[42] vgl. Ebd., 14-17.
[43] vgl. Schöffel, N., Schwarzbuch Doping, 39-40.

5.1.3 Problematik bei Dopingkontrollen

So durchdacht das jetzige Doping-Kontrollsystem wirken mag, hat es einige Probleme, mit denen es zu kämpfen hat. Die UCI und WADA sind deswegen zu einer stetigen Weiterentwicklung und Verbesserung des Systems verpflichtet.

5.1.3.1 Probleme mit ADAMS

Das erste Problem bezieht sich auf das Datenbank-System ADAMS der WADA. Seit Längerem ist nämlich bekannt, dass der „Schlüssel zur Bekämpfung des Dopings"[44] in der konsequenten Kontrolle der Athleten außerhalb der Wettkämpfe zu sehen ist. Dies ist darin begründet, dass viele leistungssteigernde Substanzen bereits im Training eingenommen werden und kurz vor Wettkämpfen von der Anwendung dieser abgesehen wird, um bei Wettkampfkontrollen nicht positiv getestet zu werden.[45] Zudem sind viele Doping-Mittel nur wenige Stunden im Körper nachweisbar, was eine Überführung durch Wettkampfkontrollen unmöglich macht und die Intensivierung der Kontrollen außerhalb von Wettkämpfen begründet. Um Kontrollen außerhalb von Wettkämpfen überhaupt erst durchführen zu können, ist die Existenz des ADAMS als Informationsquelle über Standortinformationen der Athleten als Voraussetzung anzusehen.

ADAMS ist dabei aber nicht unumstritten und hat stetig mit kritischen Stimmen aus Politik und Sport zu kämpfen. Vor allem Peter Schaar, der Bundesbeauftragte für Datenschutz, kritisierte das System stark, da es diesem in seinen Augen, aufgrund der dauerhaften Pflicht der Aufenthaltsübermittlung, einer „elektronischen Fußfessel"[46] gleichkommt. Eine weitere Kontroverse ist zudem, dass die Athleten aufgrund der Weiterleitung der Aufenthaltsinformationen an Sportverbände nicht gänzlich über die Weitergabe ihrer Daten an Dritte Einfluss haben. Zusammenfassend sollte ADAMS als weiteres Instrument der WADA gesehen werden, das den Sport nachhaltig dopingfrei machen soll. Die Kompromisse in puncto Datenschutz müssen Athleten aktuell eingehen, um effektive Kontrollen außerhalb von Wettkämpfen zu ermöglichen. Aufgrund mehrerer Streitpunkte ist die WADA zu einer dauerhaften Weiterentwicklung des Systems verpflichtet, um die aktuell noch fragliche, internationale Anerkennung des Systems voran treiben zu können.[47]

5.1.3.2 Unterschiede in der Kontroll-Frequenz

Ein weiteres Problem, das im Bezug auf Kontrollen außerhalb von Wettkämpfen entsteht, bezieht sich auf die Häufigkeit, mit der ein Rad-Profi kontrolliert wird. Mitteleuropäische

---

[44] Schöffel, N., Schwarzbuch Doping, 11.
[45] vgl. Ebd.
[46] Schöffel, N., Schwarzbuch Doping, 40.
[47] vgl. Ebd., 40-41.

Fahrer werden in einem Jahr sehr häufig kontrolliert, wie auch Marco Haller vom Team Katusha Alpecin sagt: „15-20 Mal wird man bestimmt als normaler Fahrer kontrolliert."[48] Da die knapp über 1100 Profi-Fahrer jedoch aus über 70 verschiedenen Ländern stammen und viele der Fahrer in ihren Heimatländern trainieren, werden Fahrer, die sich in ferner gelegenen Ländern aufhalten, weniger kontrolliert, was ein großes Problem darstellt.[49]

5.1.3.3 Konfliktpotenzial in der Abnahme der Dopingprobe

Auch bei der Abnahme einer Probe selbst kann es zu Problemen kommen. Eine Urinprobe ist unproblematischer in der Abnahme als eine Blutprobe, da Urin ein Abfallprodukt des Körpers darstellt und ohnehin ausgeschieden wird. Eine solche Probe enthält viele der verbotenen Substanzen, ebenso deren Marker und Metaboliten, hat aber dennoch nicht die Aussagekraft einer Blutprobe eines Athleten. Jedoch hat diese hohe Aussagekraft ihre Nachteile, welche in der Schwierigkeit der Abnahme einer solchen Probe liegen. Eine Abnahme des Blutes durch Venenpunktion ist rechtlich als „Körperverletzung"[50] anzusehen und muss vom Athleten eingewilligt werden. Da aber die meisten Radsportler über ihre Radsport-Teams und Sportverbände organisiert sind, müssen diese den Bestimmungen und Vorschriften der WADA und dem WADC zustimmen, ohne jene auch die Teilnahme an verschiedenen Wettkämpfen nicht möglich wäre.[51]

5.1.3.4 Effektivität von Nachweismethoden und Zusammenfassung

Ein weiteres Problem stellt die Effektivität von Dopingkontrollen dar. Zeigt die Analyse einer Probe ein negatives Resultat, heißt dies nicht zwangsläufig, dass ein Athlet nicht gedopt ist, sondern möglicherweise aktuell nur noch keine anerkannte Nachweismethode existiert.[52]

Prof. Dr. Mario Thevis, Professor für präventive Dopingforschung an der Sporthochschule Köln, ist jedoch der Meinung, dass sich das Doping-Kontrollsystem im Radsport ab 2008 deutlich verbessert hat. Durch die Einführung des ABP sei die Effektivität von Dopingkontrollen stark angestiegen. Zudem arbeitet die Sporthochschule Köln mittlerweile mit vielen Pharmaunternehmen zusammen, um bei der Entwicklung neuer Medikamente, die zu Dopingzwecken missbraucht werden könnten, schon früh miteinbezogen werden zu kön-

---

[48] Outdoor, Doping | Wie sauber ist der Radsport im Jahr 2017 (HD Deutsch) [YouTube-Video], veröffentlicht am 14.02.2018, https://www.youtube.com/watch?v=vcYNDtCPvxc, zugegriffen am 05.09.2018, 23:15min.
[49] vgl. Ebd., 24:25min.
[50] Schöffel, N., Schwarzbuch Doping, 37.
[51] vgl. Ebd.
[52] vgl. Ebd., 11.

nen. Dies ermöglicht einen frühen Beginn der Entwicklung von Nachweismethoden für dieses Medikament.[53]

Anhand der hier aufgeführten Probleme am Doping-Kontrollsystem des Radsports ist ersichtlich, dass das System noch nicht gänzlich ausgereift ist und noch einige Probleme hat. Vor allem der Aspekt, dass Fahrer unterschiedlich oft kontrolliert werden, stellt ein großes Problem dar. Zudem sind hier lediglich die größten Probleme aufgeführt, wobei es auch noch viele kleinere gibt.

5.2 Sportgerichtsbarkeit von dopenden Athleten im Radsport

Eine weitere Maßnahme, die der Dopingproblematik im Radsport entgegenwirken kann, ist die entsprechende Bestrafung von Athleten, die gegen Anti-Doping Bestimmungen des WADCs verstoßen haben. Ein härteres Durchgreifen könnte das Abschreckungspotenzial, bei Kontrollen erwischt zu werden, steigern und somit nachhaltig Dopingvorkommnisse verringern. In welcher Weise ein des Dopings schuldig gewordener Sportler sanktioniert werden kann, hängt von der Sportgerichtsbarkeit ab.

Grundsätzlich lassen sich Strafen in sportrechtliche Sanktionen und strafrechtliche Konsequenzen unterteilen. Sportrechtlich insofern, dass Athleten mit Sperren, für nichtig erklärte Leistungen oder auch Geldstrafen an den Verband zu rechnen haben.[54] Staatlich verhängte Geldstrafen, sowie Haftstrafen fallen unter den Punkt der strafrechtlichen Sanktionierung.

Dies führt zu einer Unterscheidung in Verbands- und Schiedsgerichtsbarkeit, sowie staatlicher Gerichtsbarkeit. Sportrechtliche Strafen werden auf Basis der verbandsinternen Gerichtsbarkeit durch „Organe des Verbandes auf Grundlage des Verbandsregelwerkes und einer ggf. vorhandenen Verfahrensordnung"[55] verhängt. Des Weiteren kann die Urteilsfällung in einer sportrechtlichen Angelegenheit durch ein Schiedsgericht getätigt werden, dessen Urteile im Gegensatz zu denen aus Verbandsentscheidungen zumeist als staatlich nicht anfechtbar gelten. Die strafrechtliche Sanktionierung eines Athleten erfolgt auf Grundlage der staatlichen Gerichtsbarkeit, welche sich vor allem auf die Entscheidungsfindung auf Basis einer Kombination des Bürgerlichen Gesetzbuches (BGB) und dem Verbandsregelwerkes bezieht.[56]

---

[53] vgl. Outdoor, Doping | Wie sauber ist der Radsport im Jahr 2017 (HD Deutsch) [YouTube-Video], 06:40min.
[54] vgl. NADA Austria (Nationale Anti-Doping Agentur Austria), Wie wird Doping bestraft?, in: http://www.bleibsauber.nada.at/de/wie-wird-gegen-doping-vorgegangen/wie-wird-doping-bestraft [21.10.2018].
[55] NADA (Nationale Anti-Doping Agentur), Sportgerichtsbarkeit, in: https://www.nada.de/recht/ergebnismanagement-disziplinarverfahren/sportgerichtsbarkeit/ [21.10.2018].
[56] vgl. Ebd.

5.2.1 Sportrechtliche Sanktionierung

Im Radsport wurde die Aufgabe der sportrechtlichen Sanktionierung bis Januar 2015 von der UCI an die nationalen Anti-Doping Organisationen (NADOs) übertragen. Ab 2015 wird dies von dem ‚UCI Anti-Doping Tribunal' übernommen. Diese Maßnahme soll zu einer einheitlicheren Rechtsprechung und Urteilsfällung beitragen, sowie zu einer Entlastung des internationalen Sportschiedsgerichts (CAS) in Lausanne. Beschwerden über die Urteilsfällung werden trotzdem beim CAS eingereicht.[57]

Das ‚Anti-Doping Tribunal', eingesetzt von der UCI, genießt somit eine Art Autonomie in der Bestrafung verbandseigener Athleten.

Diese macht es möglich, dass sportrechtliche Entscheidungen abseits der ordentlichen Gerichtsbarkeit getroffen werden und durch Schiedsgerichte für rechtskräftig erklärt werden können. Voraussetzung für solche „Schiedsvereinbarungen"[58] ist, dass alle am Prozess beteiligten Parteien der Einsetzung eines Schiedsgerichtes und somit der Umgehung der ordentlichen Gerichtsbarkeit zustimmen.[59]

Grund für das Meiden staatlicher Gerichtsbarkeit ist vorwiegend der Verlust der eigenen Autonomie und somit der Kontrollverlust über die Bestrafung von verbandsangehörigen Athleten.[60]

Anhand großer Dopingskandale in der Vergangenheit wurde ersichtlich, dass zumeist Institutionen eines Staates als Initiator Doping betreffender Nachforschungen fungierten.[61]

Der Skandal um Ex-Profi Lance Armstrong zeigte, dass die UCI früher nur bedingt an der effektiven Dopingbekämpfung interessiert war. So wurden positiv ausgefallene Kontrollen vertuscht und keine Strafen ausgesprochen. Die ‚Waffe' eines Verbandes gegen Doping stellt immer noch ein ‚zweischneidiges Schwert' dar. Die eine ‚Seite der Klinge' soll repräsentativ dem Kampf gegen Doping gelten und das Vorgehen gegen ‚Dopingsünder' darstellen.[62]

Die Andere würde einem Verband und somit dem Sport ‚in das eigene Fleisch' schneiden. Bei vermehrten Kontrollen von Athleten und einem aktiv verfolgten Anti-Doping-Kampf geht ein Verband das Risiko ein, immer mehr Dopingfälle veröffentlichen zu müssen und somit dem Image des Sports nachhaltig zu schaden, was sich durch den Absprung von Sponsoren negativ auf die Kommerzialisierung des Sports auswirken kann.[63]

---

[57] vgl. UCI (Union Cycliste Internationale), Inside UCI. UCI Anti-doping Programme, in: http://www.uci.org/inside-uci/clean-sport/anti-doping/uci-anti-doping-programme [21.10.2018].
[58] Schöffel, N., Schwarzbuch Doping, 32.
[59] vgl. Ebd.
[60] vgl. Ebd., 34-35.
[61] vgl. Ebd., 34.
[62] vgl. Ebd., 35-36.
[63] vgl. Hermann, Winfried, Von der Schwierigkeit des Staates, Doping zu bekämpfen, in: Meutgens, Ralf (Hg.), DOPING IM RADSPORT, Bielefeld 2007, 200-205.

Durch die Übertragung der Dopingkontrollen an die CADF wurde jedoch versucht diesem Phänomen etwas entgegenzuwirken, was als sinnvoll zu erachten ist, da die CADF neben dem Anti-Doping-Kampf nicht den Interessen der UCI als Verband zu folgen hat.

5.2.2 Strafrechtliche Sanktionierung in Deutschland

Die strafrechtliche Sanktionierung von Athleten und deren Hintermännern in Dopingfällen unterliegt der staatlichen Gerichtsbarkeit. Da jede Nation seine eigene Gesetzgebung hat, variiert das Strafmaß für Doping von Land zu Land. Deutschland war in puncto Anti-Doping-Gesetze bis 2015 hinter vielen anderen europäischen Ländern, da Deutschland nur ein „Anti-Dealing-Gesetz"[64] hatte. 2015 verabschiedete der deutsche Bundestag jedoch ein ausführliches Anti-Doping-Gesetz (AntiDopG), welches unter anderem Folgendes beinhaltet:

> *„Es ist verboten, ein Dopingmittel [...] ohne medizinische Indikation [...] in der Absicht, sich in einem Wettbewerb des organisierten Sports einen Vorteil zu verschaffen, anzuwenden oder anwenden zu lassen."*[65]

Nun ist auch Selbstdoping strafbar und es können auch in Deutschland Gefängnisstrafen wegen Dopings ausgesprochen werden.

Jedoch müssen nur wenige Athleten mit strafrechtlichen Konsequenzen wegen Dopings rechnen, da das Gesetz nur die gängigsten Dopingmittel, wie EPO abdeckt und bei Doping mit anderen Substanzen nicht greift.[66]

Aufgrund dessen erhalten die meisten Sportler lediglich eine sportrechtliche Sanktion, was das Abschreckungspotenzial, bei einer Kontrolle positiv getestet zu werden, im Gegensatz zu einer zusätzlich drohenden strafrechtlichen Konsequenz, wesentlich geringer hält.

6. Schlussbetrachtung: Wie sauber ist der Radsport im Jahr 2018?

Zusammenfassend stellt die allgemein gültige Definition des Begriffes ‚Doping' im WADC eine solide Handlungsgrundlage in Doping-Angelegenheiten dar, an welcher jedoch noch kleinere Verbesserungen vorgenommen werden müssen. Die immer weiter voranschreitende Professionalisierung des Sports und die enger werdende Verbindung mit der Kommerzialisierung stellt Doping begünstigende Faktoren dar, woran jedoch wenig geändert werden kann. Die herausragenden TV-Quoten, die der Radsport in Deutschland einst

---

[64] Schöffel, N., Schwarzbuch Doping, 33.
[65] BGBI (Bundesgesetzblatt), Gesetz zur Bekämpfung von Doping im Sport, in: https://www.bgbl.de/xaver/bgbl/start.xav?startbk=Bundesanzeiger_BGBl#__bgbl__%2F%2F*%5B%40attr_id%3D%27bgbl115s2210.pdf%27%5D__1540482917780 [22.10.2018], 2210.
[66] vgl. Böttner, Sascha, Strafbarkeit der Einnahme von Dopingmitteln. Anti-Doping-Gesetz / Anti-DopG, in: https://www.strafrecht-bundesweit.de/strafrecht-blog/anti-doping-gesetz-antidopg-strafbarkeit-der-einnahme-von-dopingmitteln/ [23.10.2018].

hatte, wieder zu erreichen, wird ein ‚langer Weg', welcher viel Geduld, Transparenz und Öffentlichkeitsarbeit erfordert.

„Aktuell bin ich wirklich davon überzeugt [...], dass wir [...] zu 98% doping-frei sind, weil diesen Anti-Doping-Kampf, den wir bei uns im Team vollführen, der wird genauso bei anderen Teams gemacht."[67]

Dies sagte Tony Martin, siebenfacher Weltmeister im Zeitfahren, als er 2017 zur Doping-problematik im Radsport befragt wurde. Inwiefern man dieser Aussage zustimmen kann, bleibt fraglich.

Feststeht, dass es seit der großen Dopingskandale 2006 einige Verbesserungen im Kampf gegen Doping gab. Positiv zu nennen ist hierbei vor allem die Übertragung der Aufgabe der Dopingkontrollen an die CADF, welche unabhängig vom Weltradsportver-band (UCI) agieren kann. Des Weiteren können durch das ADAMS Kontrollen außerhalb von Wettkämpfen intensiviert werden, auch wenn Radsportler deswegen derzeit als ‚glä-serne Menschen' leben müssen. Hierbei ist eine stetige Weiterentwicklung des Systems durch die WADA erforderlich. Eine wirklich positive Veränderung in der Effektivität von Dopingkontrollen brachte die Einführung des Athlete Biolical Passport (ABP), welcher zum Beispiel Doping durch EPO-Missbrauch stark einschränkt. Aber auch die möglichst lange Archivierung von Proben von Spitzenathleten ist ein wichtiger Baustein. Großer Hand-lungsbedarf besteht in der Angleichung international bestehender Differenzen der Kontroll-Häufigkeit von Athleten. Athleten aus ferner gelegenen Ländern müssen genauso oft kontrolliert werden wie europäische Sportler, um ein faires System bieten zu können.

Wie ‚sauber' der Radsport im Jahre 2018 wirklich ist, weiß niemand so genau.

Der Profi-Radsport verfügt mittlerweile über ein weitaus „engmaschigeres Kontrollnetz"[68] als früher, was Doping ‚im großen Stil', wie es früher Normalität war, nur noch schwer mehr möglich macht. Auch macht es die Einbeziehung von Dopinglaboren in die Entwick-lung neuer Medikamente von Pharmaunternehmen möglich, dass Doping-Fahnder schneller Nachweismethoden für neue Substanzen entwickeln können. „Fahnder hinken nicht mehr hinterher, sie rennen jetzt."[69]

Viele Experten bleiben jedoch der Meinung, dass es im heutigen Radsport bei weitem nicht so doping-frei zugeht, wie dies gerne dargestellt wird.[70]

Auch die Tatsache, dass bei der Tour de France 2017 22 Personen mit Doping-Hintergrund mitwirkten, wirkt sich negativ auf die Glaubwürdigkeit des Sports aus.[71]

---

[67] Outdoor, Doping | Wie sauber ist der Radsport im Jahr 2017 (HD Deutsch) [YouTube-Video], 24:10min.
[68] Mustroph, Tom, Doping und die Tour de France. Wie sauber ist der Radsport?, in: https://www.deutschlandfunkkultur.de/doping-und-die-tour-de-france-wie-sauber-ist-der-radsport.966.de.html?dram:article_id=389553 [26.10.2018].
[69] Outdoor, Doping | Wie sauber ist der Radsport im Jahr 2017 (HD Deutsch) [YouTube-Video], 07:30min.
[70] vgl. Knuth, Johannes, Die Tour und die dreckige Wäsche, in: https://www.sueddeutsche.de/sport/tour-de-france-doping-kommentar-1.4074295 [26.10.2018].

Jedoch wird es immer „Schlupflöcher"[72] für einen Athleten geben, eine Substanz oder Art des Dopings zu finden, für welche es noch keine Nachweismethode gibt. Die Frage ist: Hat auch Chris Froome ein solches gefunden oder nur die Regeln bis an die Grenzen ausgereizt?

Da durch Dehydrierung bei Wettkämpfen das Testergebnis verfälscht sein soll, wurde der Wert Froomes auf 1429 ng/ml angepasst. Durch die fragliche, rückwirkend angewandte neue Regel zu Grenzwerten war Froome plötzlich nur noch etwa 20% über dem Grenzwert, was dazu führte, dass er von der WADA und UCI freigesprochen wurde.[73]

Ein transparenter Kampf gegen Doping sieht definitiv anders aus. Ob Chris Froome nun beabsichtigt gedopt hat oder nur Grauzonen gekonnt ausreizt, bleibt unklar. Ebenso unklar bleibt, ob die UCI zu große Angst hatte, durch einen erneuten ‚großen' Dopingskandal den leichten Vertrauenszuwachs der Bevölkerung wieder zu verlieren. Die geringe Zahl an publizierten Dopingfällen in den letzten Jahren bedeutet entweder, dass der Teil des ‚Eisbergs', der sich im Wasser befindet und nicht positiv getestet wird, entweder zu raffiniert für das Kontrollsystem ist oder tatsächlich in ‚reinem Wasser' schwimmt.

---

[71] vgl. Schültke, Andrea, Doping im Radsport. „Junge Radprofis in alten Gefilden", in: https://www.deutschlandfunk.de/doping-im-radsport-junge-radprofis-in-alten-gefilden.1346.de.html?dram:article_id=390111 [27.10.2018].

[72] Outdoor, Doping | Wie sauber ist der Radsport im Jahr 2017 (HD Deutsch) [YouTube-Video], 07:58min.

[73] vgl. Mustroph, Tom, Doping im Radsport. Warum Chris Froome freigesprochen wurde, in: https://www.tagesspiegel.de/sport/doping-im-radsport-warum-chris-froome-freigesprochen-wurde/22767852.html [27.10.2018].

Literatur- und Medienverzeichnis

Fachliteratur:

BÜNTING, KARL-DIETER/KARATAS, RAMONA, Deutsches WÖRTERBUCH, Chur 1996.

DAUMANN, FRANK, Die Ökonomie des Dopings, Hamburg 2008.

HERMANN, WINFRIED, Von der Schwierigkeit des Staates, Doping zu bekämpfen, in:
Meutgens, Ralf (Hg.), DOPING IM RADSPORT, Bielefeld 2007, 200-205.

SCHÖFFEL, NORMAN u.a., Schwarzbuch Doping. Methoden, Mittel, Machenschaften,
Berlin 2015.

WEINECK, ANKA/WEINECK, JÜRGEN/WATZINGER, KLAUS, Leistungskurs Sport.
Bewegungswissenschaftliche und gesellschaftspolitische Grundlagen [3],
Waldkirchen[7] 2010.

Internetquellen:

[o. Verf.], ARD und ZDF verzichten auf Tour de France, in:
https://www.welt.de/sport/article12421516/ARD-und-ZDF-verzichten-auf-Tour-de-
France.html [10.10.2018].

[o. Verf.], Die Hinhaltetaktik des Chris Froome geht auf. Doping-Affäre um Radsport-Star,
in: http://www.faz.net/aktuell/sport/sportpolitik/doping/chris-froome-darf-er-bei-der-
tour-de-france-fahren-15621052.html [01.11.2018].

BGBL (BUNDESGESETZBLATT), Gesetz zur Bekämpfung von Doping im Sport, in:
https://www.bgbl.de/xaver/bgbl/start.xav?startbk=Bundesanzeiger_BGBl#__bgbl__
%2F%2F*%5B%40attr_id%3D%27bgbl115s2210.pdf%27%5D__1540482917780
[22.10.2018].

BÖHME, FABIAN, «Tour de France». Quotencheck, in:
http://www.quotenmeter.de/n/21429/quotencheck-tour-de-france [29.10.2018].

BÖTTNER, SASCHA, Strafbarkeit der Einnahme von Dopingmitteln. Anti-Doping-Gesetz /
AntiDopG, in: https://www.strafrecht-bundesweit.de/strafrecht-blog/anti-doping-
gesetz-antidopg-strafbarkeit-der-einnahme-von-dopingmitteln/ [23.10.2018].

BPB (BUNDESZENTRALE FÜR POLITISCHE BILDUNG), Kommerzialisierung des
Sports. Das Beziehungsgeflecht von Medien, Werbung und Sport, in:
http://www.bpb.de/gesellschaft/medien-und-sport/deutsche-fernsehgeschichte-in-
ost-und-west/245748/kommerzialisierung-des-sports [26.03.2018].

BRAUNBERGER, GERALD, Schönes Geschäft oder hemmungslose Kommerzialisierung,
in: http://www.faz.net/aktuell/wirtschaft/tour-de-france-schoenes-geschaeft-oder-
hemmungslose-kommerzialisierung-1113772.html [26.03.2018].

BUND DEUTSCHER RADFAHRER E.V., NACHWUCHSPROGRAMM, in:
https://www.bdr-online.org/media/bdr-reglements/nachwuchsprogramm-des-
bdr_13.pdf [03.11.2018].

CADF (CYCLING ANTI-DOPING FOUNDATION), STORAGE AND REANALYSIS, in:
https://www.cadf.ch/storage-and-retesting/ [20.10.2018].

CADF (CYCLING ANTI-DOPING FOUNDATION), WHAT WE DO, in:
https://www.cadf.ch/what-we-do/ [17.10.2018].

DPA (DEUTSCHE PRESSE-AGENTUR), Tour de France nicht mehr live im TV, in:
https://www.zeit.de/sport/2011-02/tour-de-france-berichterstattung [05.10.2018].

KNUTH, JOHANNES, Die Tour und die dreckige Wäsche, in:
https://www.sueddeutsche.de/sport/tour-de-france-doping-kommentar-1.4074295
[26.10.2018].

LEUCHTENBERG, CHRISTOPH, Als Jan Ullrich über Blutbeutel stürzte. Zehn Jahre
Dopingskandal Fuentes, in: https://www.n-tv.de/sport/Als-Jan-Ullrich-ueber-
Blutbeutel-stuerzte-article18078411.html [05.10.2018].

LÜNSCH, HEINZ, Zur Doping-Problematik. Kommerzialisierung und Professionalisierung
als Einflussgrößen für Medikamenten-Missbrauch im Sport, in: http://www.iat.uni-
leipzig.de:8080/vdok.FAU/lsp07_05_4_5.pdf?sid=5EE06E6F&dm=1&apos=6483&
rpos=lsp07_05_4 _5.pdf&ipos=8483 [13.01.2018].

MUSTROPH, TOM, Doping im Radsport. Warum Chris Froome freigesprochen wurde, in:
https://www.tagesspiegel.de/sport/doping-im-radsport-warum-chris-froome-
freigesprochen-wurde/22767852.html [27.10.2018].

MUSTROPH, TOM, Doping und die Tour de France. Wie sauber ist der Radsport?, in:
https://www.deutschlandfunkkultur.de/doping-und-die-tour-de-france-wie-sauber-
ist-der-radsport.966.de.html?dram:article_id=389553 [26.10.2018].

MUSTROPH, TOM, Tour de France. Die unverwüstliche Geldmaschine, in:
https://www.handelsblatt.com/sport/sonstige-sportarten/tour-de-france-die-
unverwuestliche-geldmaschine/6862998.html?ticket=ST-1969801-
AayM717266WviuTD7kDi-ap1 [03.11.2018].

NADA (NATIONALE ANTI-DOPING AGENTUR), ADAMS, in:
https://www.nada.de/doping-kontroll-system/adams/ [08.09.2018].

NADA (NATIONALE ANTI-DOPING AGENTUR), DER WELT ANTI-DOPING CODE
(WADC), in: https://www.nada.de/recht/anti-doping-regelwerke/der-welt-anti-
doping-code-wadc/ [1.11.2018].

NADA (NATIONALE ANTI-DOPING AGENTUR), Sportgerichtsbarkeit, in:
https://www.nada.de/recht/ergebnismanagementdisziplinarverfahren/sportgerichts
barkeit/ [21.10.2018].

NADA AUSTRIA (NATIONALE ANTI-DOPING AGENTUR AUSTRIA), Wie wird Doping
bestraft?, in: http://www.bleibsauber.nada.at/de/wie-wird-gegen-doping-vorge
gangen/wie-wird-doping-bestraft [21.10.2018].

NUNEZ SANCHEZ, MANUEL, Tour de France 2018. Quotencheck, in:
http://www.quotenmeter.de/n/102737/quotencheck-tour-de-france-2018
[10.10.2018].

ROHÉ, KONSTANTIN, Die Preisgeld-Übersicht nach der Tour de France 2018, in:
https://www.tour-magazin.de/profisport/tour_de_france/tour-de-france-2018-
preisgeld/a46590.html [13.10.2018].

SCHUMACHER, YORCK OLAF, Der biologische Pass des Athleten. Die Rolle des Exper
ten, in: https://ssms.ch/fileadmin/user_upload/Zeitschrift/64-2016-3/3-
2016_3_Schumacher.pdf [20.10.2018].

SCHÜLTKE, ANDREA, Doping im Radsport. „Junge Radprofis in alten Gefilden", in:
https://www.deutschlandfunk.de/doping-im-radsport-junge-radprofis-in-alten-
gefilden.1346.de.html?dram:article_id=390111 [27.10.2018].

UCI (UNION CYCLISTE INTERNATIONALE), Inside UCI. UCI Anti-doping Programme,
in: http://www.uci.org/inside-uci/clean-sport/anti-doping/uci-anti-doping-programme
[21.10.2018].

UCI (UNION CYCLISTE INTERNATIONALE), RTP Criteria / Critères, in:
http://www.uci.org/docs/default-source/default-document-library/critères-inclusion-
rtp.pdf?sfvrsn=5b62978b_0 [17.10.2018].

UCI (UNION CYCLISTE INTERNATIONALE), UCI RTP List/ Liste 2018, in:
http://www.uci.org/docs/default-source/uci-rtp/2018-registered-testing-
pool.pdf?sfvrsn=4ab6a36e_14 [03.11.2018].

WADA (WORLD ANTI-DOPING AGENCY), Welt-Anti-Doping-Code, in:
https://www.wada-ama.org/sites/default/files/resources/files/2015-wadc-final-de.pdf
[09.10.2018].

WEIS, MANUEL, Tour de France. Quotencheck, in:
http://www.quotenmeter.de/n/15743/quotencheck-tour-de-france [05.10.2018].

Digitale Medien:

NADA.DEUTSCHLAND, Ablauf einer Urinkontrolle (Dopingkontrollfilm der NADA)
[YouTube-Video], veröffentlicht am 17.02.2015,
https://www.youtube.com/watch?v=yuWdBjXChgo, zugegriffen am 09.10.2018.

OUTDOOR, Doping | Wie sauber ist der Radsport im Jahr 2017 (HD Deutsch) [YouTube-
Video], veröffentlicht am 14.02.2018,
https://www.youtube.com/watch?v=vcYNDtCPvxc, zugegriffen am 05.09.2018.

WADAMOVIES, World Anti-Doping Agency - The Doping Control Process for Athletes
[YouTube- Video], veröffentlicht am 30.10.2009,
https://www.youtube.com/watch?time_continue=194&v=sWhudwnE3Fg,
zugegriffen am 30.03.2018.

Abbildungsverzeichnis

Abb. 1:

NADA AUSTRIA (NATIONALE ANTI-DOPING AGENTUR AUSTRIA, Heutige Definition, in: http://www.bleibsauber.nada.at/de/was-ist-doping/heutige-definition [20.10.2018].

.

Abb. 2:

STATISTA, Entwicklung des Preisgeldes bei der Tour de France von 1960 bis 2018 (in Euro), in: https://de.statista.com/statistik/daten/studie/156877/umfrage/entwicklung-des-preisgeldes-bei-der-tour-de-france-seit-1960/ [1.11.2018].

ROHÉ, KONSTANTIN, Die Preisgeld-Übersicht nach der Tour de France 2018, in: https://www.tour-magazin.de/profisport/tour_de_france/tour-de-france-2018-preisgeld/a46590.html [13.10.2018].

Bemerkung: Die Tabelle wurde aus zwei Quellen zusammengeführt, da in der Grafik der *Statista* der Siegerprämie 2018 keine Boni addiert wurden, die Fahrer bekommen, welche bestimmte Wertungen gewinnen.

Abb. 3:

BÖHME, FABIAN, «Tour de France». Quotencheck, in: http://www.quotenmeter.de/n/21429/quotencheck-tour-de-france [29.10.2018].

BEI GRIN MACHT SICH IHR WISSEN BEZAHLT

- Wir veröffentlichen Ihre Hausarbeit,
  Bachelor- und Masterarbeit

- Ihr eigenes eBook und Buch -
  weltweit in allen wichtigen Shops

- Verdienen Sie an jedem Verkauf

Jetzt bei www.GRIN.com hochladen
und kostenlos publizieren